अशेष पर उमग गया एक शेष

रोज़लीन

Made with ♥ on the Notion Press Platform
www.notionpress.com

क्रम-सूची

क्रम-सूची

प्रस्तावना

वाकई! "अशेष पर उमग गया एक शेष"

रोज़लीन से उनकी कविताओं के माध्यम से ही मिल पाया हूं, लेकिन कुछ कविताएं पढ़ने के बाद यह तो निश्चित है कि वह शेक्सपीयर के रोमियो-जूलियट वाली रोज़लीन नहीं है। संबंधों की संवेदनशीलता को उसने एक अनूठी भाषा में परिभाषित किया है। प्रेम का दर्शन कितना व्यापक और कितना असीम है,, ये उसकी कुछ कविताएं " हटा दो ये पर्दादारी की कुख्यात अड़चनें" ; " प्रेम करता है श्रृंगार धरती का" ; " अजनबी तू फिर से शब्द बना" ; " प्यार मेरी गुंजाइश है" सहज ही बयान कर देती हैं।

उसकी कुछ कविताएं " बस यही एक बात?" ; "श्वास पर ठहर गया कोई नाद-ब्रह्म" उसे किन ऊंचाइयों पर ले जाती है, शायद उसे भी नहीं मालूम। मेरी कामना भी यही है कि उसे यह कभी भी मालूम न हो पाए। मगर जब वह बड़े सहज भाव से कह जाती है, "प्राण - प्राण चलती एक अंतहीन कविता है, प्यार!" तो कई बार विश्वास भी डोलने लगता है कि क्या यह सब एक ही जीवन में जी पाना संभव हैं ? "अंदर आने को नहीं कहोगे क्या ??" " बुनने पड़ते हैं स्वप्न रेशा-रेशा" आदि कविताएं पढ़ने के बाद अनायास ही एहसास जगने लगा है कि वह आकाश पर पेंटिंग कर सकती है। "मेरे पास सिर्फ तुम हो" भी इस बात की गवाही है कि ये कवि भी अद्भुत है, अद्भुत हैं उसकी कविताएं।

इस संकलन की सभी कविताएं इस बात की गवाही देती हैं कि उससे ढेरों संभावनाओं की उम्मीदें बांधी जा सकती हैं। उसकी

सामर्थ्य अथाह भी हैं और व्यापक भी। यात्रा जारी रही तो बहुत कुछ दे पाएगी अपने परिवेश को यह विलक्षण कवयित्री।

डॉ चंद्र त्रिखा

　　निदेशक हरियाणा साहित्य अकादमी,
　　वरिष्ठ साहित्यकार, कवि, चिंतक।

मेरी बात

प्रिय मित्रों! अपना नूतन काव्य- संग्रह " अशेष पर उमग गया एक शेष " लेकर फिर आपके समक्ष प्रस्तुत हुई हूं। मेरी तमाम कविताएं मेरे मन की उधेड़बुन है, या हर घड़ी खुद से ढेरों बातचीत का सिलसिला और या शायद आप सब दोस्तों से जुड़ पाने की मन ही मन लुकी छिपी एक लालसा भी कि आप भी इन कविताओं के मर्म और सूक्ष्म पड़ताल को किसी प्रकार देख - समझ पाएं या शायद मैंने अपनी इस मानसिक, बौद्धिक टोह में आप सभी को भी गवाह बनाकर शामिल कर लिया है और कि मैंने पर्दे के पीछे खड़े अपने पाठक को परोक्ष-अपरोक्ष रूप से अपने साथ ही खड़ा कर लिया है।

जीवन की रोजमर्रा की आपाधापी में क्षण भर को सोचने का समय नहीं मिलता। संपूर्ण जीवन एक यंत्रवत व्यवस्था जैसा दिखाई देता है। लगता है कुछ भी नवीन नहीं है अपितु पुराना ही है जो नई शक्ल ले रहा है। कभी -कभी ये घटनाएं - दुर्घटनाएं किसी मौसम की तरह आती-जाती प्रतीत होती हैं। इन कविताओं के माध्यम से जीवन के अनेकानेक उपस्थित घटक निश्चित ही आपके हृदय को छुएंगे, किसी रोमांच से भरेंगे वैसे ही जैसे किसी पेड़ की ठंडी छांव की तरह, बारीश की बूंदों से भरी शीतल फुहार की तरह, सूर्य के नर्म ताप की तरह, गीली मुलायम चांदनी की भांति ये कविताएं क्षण भर रुक कर कुछ रेशमी अहसासात को जीने और सोचने का मौका देंगी। किसी यात्री की तरह उस यात्रा में जाना जहां जीवन को मनुष्य जीवन का यथार्थपूर्ण सत्य देखा गया है,, जहां मन-मस्तिष्क पर लदा कोई बोझ नहीं अपितु जो है अखंड सत्य

है और निरंतर सत्य में सत्य की खोज की एक अन्नंत यात्रा है। फिर जहां सत्य मूल केंद्र में हो तो यह निश्चित समझा जा सकेगा कि हम वहां सहजता महसूस कर पा सकेंगे। भौतिक जीवन जगत में स्त्री - पुरुष के वैचारिक और लैंगिक अंतर को कुछ समाप्त करते हुए सरल, सहज, समरस महसूस कर पा सकेंगे। एक पुरुष एक स्त्री के मनोवैज्ञानिक और भावनात्मक पहलू को पकड़ पाने में सक्षम हो पा सकें और एक स्त्री पुरुष की मानसिकता और सोच को समझ पा सकें। और तब दोनों एक-दूसरे के दृष्टिकोण को जान सकें तो अवश्य ही बहुत सी उलझी चीजें सुलझ सकती हैं और कि संभव है फिर जीवन जीना आसान हो जाए।

इन कविताओं के माध्यम से स्त्री - मन की स्वच्छंद उड़ान, उसके एकांत मन के संवेग, उसकी निजता और स्वतंत्रता की अपरिहार्यता के साथ ही व्यापक स्तर पर स्त्री - पुरुष के अंतरंग संबंधों के निहित प्रेमिल सूक्ष्म संवेदों को अभिव्यक्त करने का प्रयास किया गया है। किंतु यह काव्य संग्रह मात्र भौतिक संबंधों भर की ऊहा-पोह नहीं अपितु! दूसरी ओर कहीं अपने उस अज्ञात को निरंतर तलाश करती बेचैन तड़पती रूह की समूचे ब्रह्मांड में टकराती अविराम पुकार की अनुगूंज है और शायद या फिर उस अनागत से सवाल-जवाब करने का जुटाया गया साहस यहां साफ नज़र आता है। तब हो सकता है कि पाठक वर्ग को ये कविताएं पढ़ते हुए प्रकृति याकि सूक्ष्म जगत के मर्म स्पर्शी जटिल अनुभवों की प्रतीति हो। जैसा कि इस काव्य संग्रह के शीर्षक से ही झलकता है "अशेष पर उमग एक शेष" घोर निराशाओं और गहरे अवसाद की स्थिति के बीच से भी आशाओं का एक बीज प्रस्फुटित हो जाता है, उम्मीद का एक दीया जग उठता है, नि:श्वास के मध्य कोई श्वास कौंधती है, और जैसे प्रलय के बाद भी सृजन

की संभावनाएं कहीं बाकी रही रहती है; कि जैसे जब कुछ नहीं होता तब भी कुछ होता है,, कुदरत के गर्भ में बचा रहता है कुछ शेष पुनर्सृजन हेतु।

इस काव्य संग्रह को पाठक मित्रों तक लेकर आने में कुछ मित्रों, प्रिय जनों का सहयोग रहा है। इसके लिए आदरणीय डॉ चंद्र त्रिखा जी निदेशक हरियाणा साहित्य अकादमी, अजय सिंगला जी (शब्द - संयोजन व संपादन हेतु), आकाश चौहान जी (आवरण चित्र हेतु) और डॉ राधेश्याम भारतीय जी का रचनात्मक प्रोत्साहन हेतु आभार व्यक्त करती हूं। और अंत में मैं नोशन प्रैस का तहे दिल से धन्यवाद करती हूं जिन्होंने मेरे काव्यसंग्रह को प्रकाशित कर मेरे आत्मविश्वास को रचनात्मक विचार-विमर्श का बल दिया है। आशा करती हूं कि हमेशा की भांति आप सब मेरे इस काव्य - संग्रह को पसंद करेंगे और प्यार देंगे।

- रोज़लीन

1. इन्द्रधनुषी रंगों का फैलाव

एक तहदार इन्द्रधनुषी
रंगों का फैलाव
जिस पर तिनका भर चांद,
नवजात शिशु सा मुस्काता है
और फिर यह.....
बिन्दु का अनंत विस्तार देखिए!
जैसे बिखर रहे हो
सरगम के माणिक,
खुल गई हो खुशबुओं की पोटली,
छिटक रहा हो मौसमों का जादू।

10/05/05

2. उड़नकश्ती पर

बादलों की उड़नकश्ती पर
तुम बैठकर आते हो मेरे पास
तो आसमान के सारे तारे
तुम्हारे कदमों में बिछ जाते हैं,
बदला मौसम!
जो तुम्हारे आने का संदेशा लाया था
तुम्हारी आहट पाते ही
नज़र झुकाए शांत खड़ा हो जाता है,
सब रंग, राग, खुशबू और ऋतुएं
मेरे चौगिर्द आहिस्ता से बिखर जाती हैं,
समर्पण से झड़ -झड़ दरख़्त -
धुले पत्तों की चादर गिराते हैं,
नीरव क्षण का गुलाबी तिलिस्म!
एक बेहोशी में उड़ा ले जाता है

फिर -
सारी रात बह जाती है
भीगी पलकों के अवलंब
और तब,
भोर का चांदी जैसा सफ़ेद आंचल
कुमकुम उंडेलने लगता है -
दिशा - दिशा में।
10-05-2005

3. और ये प्रेम प्रभा??

प्रिय!
एक बात पूछूं....?
क्या सिर्फ
..... आकाश में झांक कर,
धरती को नाप कर
और जैसे -
लिखी गई ये तमाम कविताएं!!
....गीत
ये आंसू
ये मुस्कानें
ये रक्त
ये पसीना
ये ख्वाहिशें
- बचा सकते हैं इस धरती को?
याकि,
सचमुच....
..... बचा रह सकता है
धरती का अखिल सौरभ
और ये प्रेम - प्रभा??
18/10/2014

4. एक शाख़

क्षितिज़ के उस छोर पर
एक वृक्ष है हरा-भरा
कोई यात्री!
उस ओर चला जा रहा था
कि-
तत्क्षण
उसने अपनी जादुई चादर उतारी
और,
वृक्ष पर फेंकता चलता बना

अब वृक्ष!
कभी चादर पूरी फैलाकर ओढ़ लेता है,
कभी उतार देता है
इस तरह कि-
वह कभी ढका हुआ अदृश्य हो जाता है
तो कभी!
उघड़ा हुआ दिख पड़ता है
हम्म...
वृक्ष शरारती हो गया है!!

देखो... देखो...s..s..
लुक्का-छिप्पी खेलते -खेलते
उजास बादलों के बीच से

एक शाख़
बाहर निकाली है उसने
और कि!
यह ... .. क्या...?
एक पत्ता टूटा!!
लहराता हुआ धरती की ओर
गिर रहा है, गर्व से!
03/01/2015

5. मुस्कुराहटों की चंचल तितलियां

तुम्हारे और मेरे बीच
आकाश ने
जो-
प्रेम बरसाया था,
दिन-दिन
उसकी पसरती प्रदीप्ति
तब जो थी
वही अब भी है

देखो ज़रा... ..
तुम्हारी ये
कोमल मुस्कुराहटों की चंचल तितलियां
कैसे उत्सुक
मेरे इर्द - गिर्द ही मंडरा रही है।
18/01/2015

6. और आकाश झट से खुल गया

मैं!
टकटकी लगाए
आकाश को देख रही थी
कि तुम -
चुपके से
मेरी बगल में आ खड़े हुए

तुमने
कुछ नहीं पूछा
और -
मेरे कंधे पर अपना हाथ रख
तुम भी यूं ही....
आकाश को निहारने लगे

आकाश...
गड़गड़ाया,
मुस्कुराया
और;
झुकता -झुकता लटक सा गया कुछ
मेरे चेहरे पर
कि जैसे -
चूम रहा हो मेरा उजास मस्तक

जबकि!!
वो-
गांठ लगी पोटली सा
धड़ाम से गिरा मेरे -तुम्हारे बीच
और,
आकाश झट से खुल गया।
18/01/2015

7. अब जब भी तुम्हारा ज़िक्र होगा

जो प्राण
तुमने मुझे दिए
आज...
उन प्राणों ने
मेरी कनपट्टियों पर फुसफुसाया
तुमसे अपने मन की
हर बात अविलंब कह देने को
लेकिन!
जब उसने मुझे कमज़ोर पड़ते देखा
तो-
मेरे दिल पर उसकी खटखटाहट
किसी ड्रम पर पड़ती
कर्णभेदी डम-डम-डम में
तब्दील हो गई

जानते हो प्रिय....
मेरा प्राण
अब!
मेरे अंतरंग संवाद से जुड़ चुका है
और कि उसके -मेरे बीच कोई पर्दा नहीं
तो अब-
जब भी तुम्हारा ज़िक्र होगा

मेरा प्राण!
कभी उदास होगा
कभी खुश होगा मेरे साथ-साथ

देखो न ....
आज मेरा प्राण मुझ में धड़क रहा है
क्योंकि!
कभी तुम मेरे साथ थे
और अब-
हमेशा के लिए चले जाने को
मुड़े तुम्हारे कदम भी
फिर!
मेरी ओर लौट आने को कैसे तत्पर हुए?
इसलिए कि!
मेरा प्राण
मेरे अंत:स्तल तक
मेरे साथ खड़ा है
कि जैसे....
मैं!
अपनी हर बात जो कह पाई हूं तुमसे
उस कहने में
एक बड़ा योगदान दिया है मेरे प्राण ने ही
जानते हो कैसे?
वो ऐसे कि-
जब तुम मेरे बगल में खड़े थे
तो मेरे प्राणों ने
मेरे दिल पर पीटना शुरू किया,

मुझे झिंझोड़ता रहा
और -
फिर जोरों से एक स्वर में
चिल्लाना शुरू कर दिया...
"बोल... बोल... जल्दी.. बोल...
फिर नहीं बोल सकेगी
... बोल ... क्योंकि!
बोलना जरूरी है,
नहीं बोली तो...!
खो देगी उसे हमेशा के लिए
और यदि खो दिया अबकि बार
तो सांस नहीं ले पाएगी,
कम से कम जीने के लिए ही बोल"
और मैंने!
कंपायमान अपने धड़कते दिल को थाम
धीमे से
लरज़ती आवाज़ में
उससे कुछ कहा,
वही न सही
पर... कुछ और सही
क्या अंतर पड़ता था
क्योंकि।
वो जो कहना था
वह शब्दों में नहीं था
शब्दों से उतरती - सिहरती
उस नर्म आवाज़ में था
और उसने

उसे वैसे ही सुना
जैसे वो उसे सुनना चाहता था

आह् ...
सचमुच
मैंने राहत की सांस ली
फिर जबकि!
उसे भी मैंने ऐसे ही कुछ
राहत की सांस लेते देखा उस क्षण
शायद ...
जो बात उसे भी कहनी थी
वो बात बहुत कुछ तो
मेरे कहने से सुलझते - सुलझते
छुट- पुट पूरी हुई थी अब
तब!
फर्क ही क्या पड़ता था
मैंने कह दी या उसने

वो मुस्काया
और मुस्काता ही रहा देर तक
कि!
उसकी दिपदिपाती मोहक आंखें
मेरी आंखों में बस गई;
उस पल
हम दोनों को इस तरह एकांत
निकट एक झुरझुरी में गुलाबी पड़ते
सिमटते मद्धम मुस्काते देख

मेरा प्राण !!
आनंद से लहराया
और उसे लगा जैसे -
उसने एक बड़ी ज़िम्मेदारी निभा
उसका आभार व्यक्त कर दिया
जिसने देह से बाहर
चक्कर काटते प्राणों को
पुनः मुझमें फूंका था
और मैं!
जी उठी थी
याकि,
जिसकी बदौलत
प्राण ने फिर से पाया था मुझे।
22/01/2015

8. अन्त: चेतना के मुताबिक जीना होगा

यदि!

अपनी अन्त: प्रसन्नता हेतु जीना है

तो -

अपनी अन्त: चेतना के मुताबिक जीना होगा

फिर,

उसके लिए जरूरी है कि -

मुखौटे!!

जितनी जल्दी

और -

जितनी संख्या में

टूटते चले जाएं

उतना ही अच्छा।

23/01/2015

9. जाने यह कौन!

मेरे रक्त का अणु-अणु
तुझको ही रचता है,
तुझमें ही खिंचता है,
तुझमें ही झुकता है,
तुझमें ही सिंचता है
कि-
रोशनी हो या सघन अंधियारा
रिक्तता हो
या
अरिक्तता
इनकी अपनी अनवरत यात्रा है
जहां -
इनकी अपनी थकान और विश्राम हैं
याकि;
इसी थकान और विश्राम के बीच
कहीं रोशनी में ही
पनप रहा होता है अंधकार
और,
उस अंधेरे में ही कहीं
अकल्पनीय
किन्तु!
सच
- रोशनी का कोई छिपा बीज

लेने लगता है सांस

जाने यह कौन!
अंधकार से उठा
एक छाया - पुरुष
अंधकार पृष्ठ से कतर कर
अंधकार ही में अंधकार से अलग
किया जा चुका है
और अब-
अरूप अंधकार
किसी रूप - आकार में
होने लगा प्रतिष्ठित
याकि;
रोशनी का एक बीज ही है क्या वो ?
जिसने -
इस छाया- अक्स को
उठाया है हथेली पर
कि अब....
रिक्तता में
बूंद- बूंद टपकती अरिक्तता से
उसे सबल उठते देख
हैरान हुआ जाता है रूंआ -रूंआ

जबकि!
जिसने यह सोचा था कि -
अंधेरी काल कोठरी की कैद में
मैं सिकुड़ जाऊंगी

और वो....
मेरा अस्तित्व मिटाने में
कामयाब हो जाएगा?
लेकिन!!
यह कैसी हास्यास्पद बात है ना
वो जानता ही नहीं था
कि-
मेरा होना ही
अंधकार को अंधकार नहीं रहने देगा
और;
अंधकार ही रोशनी बनेगा
मुझे भरने के लिए,
बात यह नहीं है
कि मैं!
केवल रोशनी ही हूं
जिसके खातिर वो....
रोशनी में तब्दील हुआ
अपितु,
बात तो गति की है
निर्बाध यात्रा की है,
जिसे कोई
चाह कर भी रोक नहीं सकता
याकि -
' मैं ' !!
किसी रूप - अरूप से भी परे
इस क्षण
मात्र एक यात्रा के अतिरिक्त

और हूं क्या?

देखो ना....
बुद्ध के शब्द
मेरे इर्द -गिर्द
झिलमिल... झिलमिल...
फिर मंडराने लगे
चरैवेति - चरैवेति... ... चरैवेति - चरैवेति.... ...

10. एक पत्थर

एक पत्थर
समयों के पार से
ठिलता हुआ
चला आ रहा है
चलो देखें!
कि-
अब वो
किस पार लगे।
14/03/2015

11. गुनगुनाते सितारे

सत्य!!
एक किसी
संस्कारहीनताओं से लदे
पुतले को घेर
विराट
सक्षम
सशक्त
अडिग
उसके समक्ष आ खड़ा हुआ;
जो तन कर
उसे....
डांटता फटकारता
कभी इस ओर
कभी उस ओर
जोरों से पटक रहा है
और मैंने!
अब कुछ चैन की सांस तो ली
याकि;
गुन... गुन.. गुन.. गुनगुनाते सितारे
उतर रहे हैं मेरी आंखों में मद्धम

फिर एक बार

रेशम सुवासित हवा
यूं ही टकराई मेरे चेहरे पर
कि-
सुमंद मुस्कान!
छितर पड़ी यकायक
मेरे गीले होंठों पर अभी - अभी।
14/03/2015

12. जैसे बुद्ध से छूट गया था घर

वो बोले....
दु:ख के बारे में कुछ कहो ना
और मैं!
अणु-अणु
जाने कहां - कहां विचरती
किसी क्षण में अटक गई

उसने
फिर दोहराया वही सवाल
मैं!
अचकचाते शब्दों की गांझल में
कसमसाती सोचने लगी -
दु:ख!!
ओह....
जैसे मेरा ओढ़ा- पहना वस्त्र,
और आनंद
जैसे खुशबू की मानिंद
तरोताज़ा किए रहने वाला
एक गीला मुलायम स्पर्श,
तब यदि!
वस्त्र का बोध ही रहे ना रहे
किन्तु...

आनंद का बोध
कहां कहीं विस्मृत हो पाता है

आखिर!
महावीर ने भी तो
वस्त्रों का त्याग किया नहीं था
अपितु ;
वस्त्र तो खुद-ब-खुद छूट गए थे उनसे
जैसे-
बुद्ध से छूट गया था घर,
दुःख से
मुक्ति की यह यात्रा
क्या इतनी कठिन है?
फिर जबकि!
मुझे तो कभी- कभी
ऐसा लगता है
कि यदि निर्बंध इस सुगंधि का
बस एक झोंका छू जाए
तो-
क्यों न कोई समेट कर
संपूर्ण स्वत्व को
और निश्चिंत मूंदकर आंखें अपनी
गिर जाने का इसमें
निर्भय साहस जुटा ले! !!

खैर!
मैं तो छलांग लगा रही हूं,

और तुम!!
तुम क्या देख रहे हो भई?

13. हटा दो ये पर्दादारी की कुख्यात अड़चनें

मन
देर तक टिका रह सकता है
किन्तु!
भ्रम का देर तक
टिके रहे रहने का कारण नहीं
और,
यदि हो भी तो -
भ्रम के
एक निश्चित तल पर
टूटने की संभावना
तब भी!
बनी तो रहती ही है
याकि,
फिर वहां.....
धुंधला सा ही सही
सूक्ष्म विविर एक मिल जाए
फिर भ्रम टूटा
और बस अब टूटा

तो क्या
मन प्रखर नहीं है
चीजों को मापने

परखने
पहचानने
और -
गतिमान हो
उसमें विलीन हो जाने
याकि;
स्वयं में उन सब चीज़ों को
क्रमबद्ध आकर्षित कर
एक रस कर लेने में?
फिर!
तब चाहे
बात उसमें लयबद्ध हो जाने की हो
या
विरक्त हो जाने की हो
क्या फर्क पड़ता है

देखो ज़रा....
मन !
कितना सशक्त है
किसी भी
कैसी ही जांच के लिए, है ना
तब यदि!
मन कुछ देखता है,
दिखाता है,
बुनता है,
छांटता है,
निथरता - निथारता है,

संवरता- संवारता है
तो-
देखने दो उसे
जो वो देखना चाहता है
कि!
कभी ये,,, कभी वो,,
कभी ऐसा,,, कभी वैसा,,
- बस भी करो अब
और...
हटा दो अविलम्ब ये सारी की सारी
पर्दादारी की कुख्यात अड़चनें

आखिर!
एक वृक्ष कब सिसकता है
टूटते - बिछड़ते
आकाश में निर्बंध उड़ते जाते
अपने किसी भी
परिपक्व सूखे पत्ते की
अन्नंत यात्रा पर?

14. प्रेम करता है श्रृंगार धरती का

जी तो चाहता है
कि ये जो-
प्रेम के उमड़- घुमड़ बादल!
तितर- बितर बिखरे पड़े हैं हर ओर
कसैले,
धूसरित,
बेरंग,
बेकार ही
क्यों ना इन्हें एकत्र कर
अपनी मुट्ठियों में भरूं
और -
उस असीम आकाश पर
थपथपाती चली जाऊं अथक

आकाश बरसेगा
और -
उम्मीद करती हूं
बरसता ही रहेगा
कि धरती!
धुलेगी पूर्ण रूपेण तो....
तरोताजा सद्य:स्नात निखर जाएगी
फिर,

नए-नए प्रेम के फूल खिलेंगे,
प्रेम के रंग झरेंगे,
प्रेम की खुशबू उड़ेगी
प्रेम!
सिर्फ सपना नहीं होगा,
सुमंद हवाओं में
फिर गुनगुनाहट होगी
मात्र प्रेम ही की शेष
कि जैसे....
धरती का यह
निर्मल पावन निखार भर ही
अब-
धरती का सजना- संवरना ही है ना
याकि;
देखो तो ज़रा ....
प्रेम!!
करता है श्रृंगार धरती का
कितनी सादगी से।
11/07/2015

15. अजनबी तू फिर से शब्द बना

मैंने उसे
हर बार अजनबी कहा
लेकिन!
अब लगता है जैसे
मैं!
उसे देखने लगी हूं
पहचानने लगी हूं
फिर....
ऐसा तो नहीं था कि मैंने उसे
सुना नहीं था कभी

जब भी
मुझे अपनी जरूरत अपने लिए पड़ी,
वो हौले सा लहर गया
मेरी उंगलियों पर
और-
उसने कुछ
मुझे अपनी ओर खींच लिया
कुछ वो मेरी ओर खिंच आया
कि -
बहुत साफ़ - साफ सुलझे शब्दों में
मेरे हर प्रश्न का

बड़ी सादगी से ऐसे जवाब दिया
कि मुझे अहसास ही नहीं हुआ
ये प्रश्न कितने बड़े थे,
जो कुछ भी
मुझे इतना साधारण दिख रहा है
वो कितना है असाधारण?
जैसे -
मैं संशयग्रस्त हुई नहीं
और वो धीमे से फुसफुसा दिया
मेरे कानों में कुछ भी,
तभी हर बार
उसने झट से
मेरे पास वाली बंद खिड़की खोल दी
और मुझे वो दिख गया

कभी तो मुझे
उसकी आहट तक नहीं सुनती
कि वो
होता ही है आस-पास... ऐसे
जैसे उसकी सांसों में मेरी सांसें
धड़कनों में मेरी धड़कन
इस तरह घुल - मिल जाते हैं
कि-
उसमें - मुझमें
कोई अंतर समझ नहीं आता
तब!
मैं उसकी खुशबू में बहकती नहीं हूं,

वो ही मुझमें फैलता जाता है अविराम
याकि;
उसकी रोशनी में मेरी रोशनी,
मेरी रोशनी में उसकी प्रचंड रोशनी
निर्विघ्न उमगती है
और अब जैसे -
रोशनी ही रोशनी
शेष रह जाती है केवल
अंधेरों के
एक लंबे -चौड़े संसार से
गुजरने के बाद

सोचती हूं....
हर उस विचलित क्षण में
मैं अपनी जरूरत अपने लिए थी
या
वो ही था मेरी जरूरत हर बार?
फिर देखो ना...
वो तो
उस क्षण भी अजनबी नहीं था
जब मैंने उसे अजनबी कहा
और तब चाहे -
उसने भी तो इस बात पर
कोई शिक़ायत नहीं की
कि मैंने उसे अजनबी कहा
इतनी बार
उतनी बार

कितनी बार
हिसाब रखा नहीं,
वो तो बस मुस्का दिया,,,
और -
कभी की भी तो
इतनी लघुतम
इतनी भोली
कि मेरे लिए उन्हें बस...
सुन लेना
जान लेना समझ लेना
देख लेना ठीक से
इतना भर ही पर्याप्त था

चकित हैं सब
जो इस अनजानी खुशबू से
अभिभूत हो रहे हैं,
उन्हें लगता है कि मैं हूं
फिर!
यह तो मैं ही जानती हूं कि वो है
जैसे...
खुशबू तो उसी की है
किंतु उठती - परारती गुझरो है
ऐसे कि-
मेरी पलकों के भीतर- बाहर
- संवरते- बिखरते ख्वाब
अंतरंग आकाश
लहरते समुद्र

अन्नंत जागरण
सघन विश्राम
उम्दा परिकल्पनाएं
शीतल एकांत
चटकती खामोशियां
और...
विभिन्न सृष्टियों के अनगिनत संसार,
हर संसार की
भिन्न - अभिन्न संस्कृतियां
रंगीन धरोहर
ज़हीन पुरुष
ज़हीन स्त्रियां
मीठी बातें,
मीठी यादें
खुबसूरत दृश्य
सब झपझपाते है निरंतर
अब!
आंखों में आंसू नहीं,
मुस्कुराहटें है बस

अजनबी!!
तू फिर से शब्द बना,
शब्द से टिमकते तारे,
सितारों से छल्ले सरगम के
और -
तू ही इसी एक क्षण में
खुशबू बना

पवन बना
तितली बना
फर .... फर... फहरता
गुनगुनाता
मंडराता
फिर - फिर
बैठ जाता हुआ मेरे गाल पर
चस-चस चस-चस टिमटिमाता
उठता है सरल

कितनी बुरी बात है ना!
कि मैं तुम्हें अब तक
अजनबी ही कहे चले जा रही हूं,
कम से कम अब तुम्हें यूं
अजनबी कहते रहना
छोड़ देना चाहिए मुझे।
17/07/2015

16. प्यार मेरी गुंजाइश है

प्यार मेरा सपना है
प्यार मेरी परिकल्पना है
प्यार मेरी जरूरत है
प्यार मेरी प्रतीक्षा है
प्यार मेरी चोरी है
प्यार मेरा त्याग है
प्यार मेरा हर्ष है
प्यार मेरी हार- जीत है
प्यार मेरा वक्त है
प्यार मेरी गुंजाइश है
प्यार मेरी तपस्या है
प्यार मेरी हकीकत है
प्यार मेरा विस्तार है
और -
जब प्यार पर ही मेरा यकीन है
तो फिर!
प्यार ही मेरा यकीन
क्यों नहीं बन पाया अब तक?
याकि,
क्या प्यार सिर्फ मेरा पर्व है
उसका नहीं??
जैसे कि -
ये जो मुझे

मुझमें मेरा नज़र आता है,
उसमें कब नज़र आएगा?
और जब
उसमें ही नज़र नहीं आएगा
तब!
प्यार मेरी सफलता भी हो
तो-
ऐसी सफलता के क्या मायने?

फिर जैसे....
प्यार चाहे कविता की बात हो
शक्ति हो
साहस हो
युद्ध हो
न्याय हो
सामर्थ्य हो
या,,,
विकल्प!!
सब धरे के धरे रह जाते हैं।

17. पुरुष झुक रहा है

शून्य पिघल रहा है,
शून्य!
नाद बनकर बज उठा
और कि नाद....
तरंगित हुआ

पुरुष झुक रहा है स्त्री की ओर
और स्त्री उठ रही है
उसकी हर झुकती
तलाशती
छटपटाती
खिंचती- खींचती
नज़र से नज़र....
फिर फिर मिलने पर पुरुष की ओर
और कि-
पुरुष कंठ पर लिपटा समय !
सतह- दर- सतह अपनी कुंडली से खुल
लहर रहा है प्रसन्न कहीं... अदृश्य होता

पुरुष!
हवा हो रहा है
स्त्री...
खुशबू हो रही है,

सतरंगा गुलाल हो रही है,
मादक थुंआ हो रही है,
उड़ता बादल हो रही है,
सुदूर पसरता सघन कोहरा
कोई राग,
कोई ख्वाब,
कोई सवाल हो रही है
और स्त्री!!
पिघल रही है शून्य की ही भांति
घुल रही है पुरुष में
कि पुरुष...
शीश अपना
झुकाते- झुकाते गंवा चुका,
और;
अतल डूबता ही जाता है स्त्री में

पुरुष
एक विराट पक्षी बन गया
जिसने फैलाए अपने घने डैने अच्छोर
और -
स्त्री को अपनी पीठ पर बैठा
उड़ा... उड़ा... बहुत उड़ा

अब से पहले स्त्री!
इतनी स्वच्छंद कभी नहीं उड़ी,
कि स्त्री खुश हैं

कितना! !!
बताने की जरूरत नहीं
और -
इसलिए ही खुश हैं पुरुष
कितना??
यह भी बताने की जरूरत नहीं

मैं...
जो उल्लास
उनके चेहरे पर देखती हूं
जो चमक
उनकी आंखों के आकर्षण में देखती हूं
बस!
वही... वही... वही है सृजन अद्भुत
सौंदर्य अखिल
और जबकि!
इसके अतिरिक्त कुछ भी नहीं
जो हो जरूरी।
19/04/2014

18. भरोसा आता है मुझे

झूठी हैं तुम्हारी आंखें
तुम्हे....
तुम्हारी ही पथ-रेखा से भटकाती है,
झूठे हैं तुम्हारे लड़खड़ाते शब्द
और -
है ये जो
तुम्हारा बुड़-बुड़ करता झूठा मन
मुझसे...!!
क्या... झूठ बोलेगा?
तो-
तुम ही फंसते हो बार-बार हर बार
उसके निरे झूठ में
जबकि!
फिर तुम ही तड़पते हो
छले से भटकते फिरते हो जाने कहां - कहां
किन बियाबानों में खोए-खोए,
जैसे अपनी ही
किसी भरी पूरी दुनिया रो
उजड़े से तुम
लेकिन देखो न...
जब कभी
नज़र उठाकर देखती हूं तुम्हारी ओर
तो तुम्हारी बेअंत निष्छल मुस्कान का ही

बस भरोसा आता है मुझे,
जिसके फैलते ही
तुम्हारी आंखों पर चढ़ा झूठ का कांच
टूट-टूट कर बिखरने लगता है
और तुम्हारी भींगी पलकें जैसे -
किसी इबादत में झुकने लगती हैं

मुझे डर लगता है प्रिय
कि-
तुम्हारी ये सुंदर सुमंद मुस्कान
इस भीड़ में कहीं खो ना जाए
आह्
संभालना प्रिय.... इसे संभालना तुम
- इस मुस्कान से जुड़ा है मेरा वजूद।
04/04/2014

19. बस यही एक बात?

मुझे नहीं पूछना था
कि तुम!
कहां रहते हो
कहां से आए हो
क्या हो तुम
कितने हो तुम
कितने दूर हो
कितने पास हो
कितने ज्ञानी
और -
कितने मूर्ख

नहीं बताना था
तुम्हारी वजह से
मैं क्या हूं
और....
तुम्हारे बाद क्या हो सकती हूं?
कहां हो सकती हूं ?
कैसी हो सकती हूं?
नहीं कहना था!
इसका-उसका
ये-वो
ऐसा -वैसा

और,
क्या
क्यों
कैसे
कब
तुमसे कुछ भी

फिर भी!
कितनी बातें की हमने,
फिर भी कितनी बातें
बातों ही बातों में
उलझ कर खो गई
जाने कहां किस ओर
अंतहीन दिशा में कहीं,
फिर भी कितनी -कितनी और बातें
छूट गई बतानी
रह गई कहनी
रह गई समझनी- समझानी
और कि!
वो एक खास बात थी
जो इतनी बातों पर भी
नहीं की जा सकी कभी तुमसे

वो बात जिसे
कहने - सुनने के लिए
हर बार अनायास ही
खिंचे चले आए हम

एक-दूसरे के निकट,
वो बात जो केवल बात नहीं रह गई,,
खुशबू हो गई;
वो बात जो
तुम्हारे लिए कविता थी
और....
मेरे लिए गीत हो गई,
वो बात
जो तुम्हारे लिए सपना थी
और मेरे लिए ख़्याल हो गई
वो बात
जो जुबान पर हिचकिचाहट थी
और मन में चाहत,
वो बात जिस पर मैं सिहर गई
तुम छटपटा गए,
वो बात
जो तुम्हारी आंखों में इश्क़ थी
और -
मेरी आवाज़ में महोब्बत,
तुम्हारे होंठो पर हंसी थी
मेरे गालों पर गुलाबी रंग,
तुम्हारी उंगलियों में दुलार थी
और -
मेरी पुकार में तड़प,
तुम्हारे कहकहों में इशारा थी
मेरी भंगिमाओं में अदा
और!

वो बात जो शायद
बहुत बार
थी एक सघन डर और दर्द
तुम्हारी - मेरी खामोशियों में

अब
तुम ही कहो -
क्या नहीं था हमारे -तुम्हारे बीच?
फिर भी!
इतनी मामूली सी लगने वाली
इतनी बड़ी बात
जो-
मुझमें -तुझमें अंश-अंश पिघलकर
तुम्हें मुझमें
और...
मुझे तुझमें बसा चुकी थी
बस!
वही एक बात रह गई?

आखिर!!
कैसे रह गई
बस यही एक बात?
जो-
सबसे ज्यादा जरूरी थी? ??
06/09/2015

20. हवा एक परी है

जानते हो
उसकी आंखें
सूर्य की भांति तटस्थ हैं
जो-
रोशनी से चमकती
दिपदिपाती आलौकिक फैलती है
और!
कभी बरसती है
इस कदर कि
उसकी एक बूंद
जो धप्प से गिरती है
.... धंसती है सघन,
कुछ हिलता है वहां
फिर!
एक बूंद गिरी
उसी प्रक्रिया से गुजरी
और कि,
हौले हौले
फिर एक हलचल
कुछ विचलन
किसी अनसूचित कंपन में
बदलती जाती है,
धरती की जीर्णता टूटती है...

बादलों को
दिशाओं को
नदियों को
पर्वतों को छू कर आई
पवित्र हवा
उसकी छाती पर फुदक रही है;
उसने
अपनी मुट्ठियों में भर कर लाई
रंगीन तितलियों को
उसकी पलकों पर छोड़ दिया है

हवा एक परी है
जो अपने पंखों में
मोहक गीत गाने वाली
अनगिनत चिड़ियों को लपेट लाई है,
और -
ना जाने
कितने टिमकते जुगनू
उसके घुंघराले बालों से झड़ते
आसक्त...
धरती के चौगिर्द
मंडरा रहे हैं
इस इंतज़ार में कि-
मैं कब अपनी आंखें खोलूं
लेकिन!
उसकी आंखें
तटस्थ आंखें

वहीं हैं
.... उतनी ही दूरी पर
उसका
उसी प्रकार
वहीं रहे रहना
स्थिर रहना
प्रकाश बने रहना
और....
जलते रहना अकेले
तपाना
निहारना
फैलाना
छितरना
एक यही उसका सच है,, ,
इसके अतिरिक्त
उसका
अन्य कुछ होना
वह नहीं जानता
फिर चाहे वह...
उस सबके अलावा भी
कुछ हो सकता हो

उसे लगता है कि
वह केवल
एक सशक्त नज़र है
लेकिन!
ना स्पर्श

ना खुशबू
इसलिए शायद
हवा से
उसका कोई लेना - देना नहीं
जबकि!
वो जानता ही नहीं
कि भले ही
पूर्ण दृष्टि हो वो अपने आप में
किंतु,,,
हवा में कहीं न कहीं वह!
अपरोक्ष रूप में भी
सम्मिलित हैं जरूर
हवा सम्मिलित है दृष्टि में
और-
दृष्टि!
जो रोशनी है
रोशनी जो सूर्य है
सूर्य जो अग्नि है
फिर...
वो आंखें नहीं चाहती कि
कोई उन्हें स्पर्श कहे
कोई उन्हें स्वर कहे
कोई उन्हें हवा कहे
याकि,
वो चाहता है केवल
आंख ही बने रहना बस

उसे लगता है
यह जो धर्म
एक अदृश्य! !!
लेकिन महीन जाल बनकर
समूची आकाश गंगा में
शिराओं की तरह फैला है,
उसमें
रक्त सा बहता कोई हुक्कम!
किसी विशेष संस्कार- संस्कृति
वचन
याकि-
एक विरासत को
बचाए रखने हेतु
- कल्पना और स्वप्न
शब्द और सन्निकटता
दृष्टि और छाया
ताप और स्पर्श
सांत्वना और खुशबू
प्रेरणा और उम्मीद
आसक्ति और रूप
झुकना और उठना
चाहत और उल्लास
साहस और शांति
स्पंदन और उमंग
आज़ादी और मुक्ति
ताज़गी और खिलावट

समरस...
संगठित एक प्राण ही
चाहे
होने हो निर्धारित
तो भी -
अपने वैशिष्ट्य के अनुसार
प्रत्येक की अपनी
अलग निजता
प्रभुता भी तो रहनी चाहिए,
इसलिए तो कभी -कभी
जब
वो बेचैन होता है
और!!
मेरे पीछे
पागलों की भांति
बदहवास हो कर दौड़ता है,
तब-
ना केवल उसे ही
खुद पर आश्चर्य होता है
अपितु,
मैं भी
उतनी ही हैरान होती हूं उस पर
कि वह
क्यों दौड़ रहा है मेरे पीछे?
उसे क्या जरूरत है दौड़ने की?
आखिर!
दृष्टि से दृश्य

कब छिपता है?
कि वह
देखता रह सकता है मुझे अविराम

वह सूर्य है
उसका ताप
वहां से भी पहुंचता रहेगा
निरंतर मुझ तक
और -
उसके प्रकाश में
तैरती रहूंगी मैं,,,
उसके इस प्रकार
मेरे पीछे दौड़े बिना भी
पर शायद!
कभी - कभी
वह भी ऊब जाता होगा
अपने इस तरह
जड़वत बने रहने से
याकि,
कभी-कभी
वो वैसा ही
महसूस करना चाहता हो
जैसा कि -
उसकी चौगिर्द छितरती रश्मियों से
भाव विहल कैसे
सजीवता पाती है धरती
और वो चाहता है कि!

क्यों न धरती कभी सूर्य बनना चाहे
तो -
मुझे भी उस पल
धरती बनने का एक मौका मिल जाए
या फिर!
इन अहसासात से
मैं भी गुज़र लूं पलछिन्न

सूर्य उखड़ना चाहता है आकाश से
यह देख कर
मौसम और धरती के बीच
खड़ी परी ने
हाथ उठा कर
सूर्य को आकाश से तोड़ लिया
और -
अपनी मांग पर सजा लिया है

परी ने सिखाया मौसम को
कि वो-
अपने प्यार का इज़हार
धरती से कैसे करे,
कैसे झुके उसकी ओर,
अपनी बात कैसे कहे
कि!
परी की मांग से सूर्य
बूंद- बूंद टपक रहा है
और;

अविराम बहते
इस तरल प्रकाश में
डूब रही हूं मैं
धीरे - धीरे ये छत
ये गुंबदनूमा होता जाता कमरा
अब ....
ये सड़कें
ये पेड़
ये लोग
ये धरती
ये समूचा आकाश
कि मौसम!!
प्रणय निवेदन करता
उसके चेहरे पर झुक रहा है,
धरती के घने केशों में टंका
मुझाया फूल
अनायास खिल उठा
कोई चिरपरिचित सी
उंगलियों की छुअन से
धरती ने गहरी सांस ली,
.... उसकी आह!
एक हल्की बुड़बुड़ाहट में
बदल रही है

फिर मौसम
यकीन दिला रहा है उसे
अपनी अथाह महोब्बत का

कि वो-
उसे करता है प्यार बेइंतहा
जैसा कि करता रहा ही है
हमेशा से नि:संशय निर्बाध
आह् ...
स्त्री!
महक रही है निरंतर
पुरुष के सामीप्य में
अब मुझे -
उसके लंबा जीने की
कुछ आशा जग रही है! !!
10/12/2014

21. श्वास पर ठहर गया कोई नाद- ब्रह्म

कभी-कभी चेतना!
आकाश नहीं होती,
आकाश का रंग नहीं होती,
आकाश का हर्ष
और
क्षुब्धता नहीं होती
चेतना....
आकाश की विशालता
और शून्यता होती है,
आकाश के सौम्य रंगों की
सुलभता होती है,
निर्मल आकाश का
पावन सुकून होती है

चेतना!
हवा नहीं होती,
हवा के झोंको की
वो नर्म सहलाहट होती है
जो मानो....
सच हुई किसी कल्पना
या ख्वाब से उल्लासित
किसी श्वास पर ठहर गया कोई नाद-ब्रह्म

और कि चेतना!
खुशबू नहीं
खुशबू का वह स्वाद है,
जो कल्पों तक नहीं मरता

चेतना एक कोमल रोशनी है
जिसका उजाला रहता है शाश्वत
जो रूप - अरूप से परे
तलाशता रहता है स्वयं को ही स्वयं में

जानते हो मनीष!
... वहां, प्लेटफार्म पर भी
मेरी चेतना
इसी खुशबू
इसी आकाश
इसी हवा
इसी कल्पना के
इन्हीं मूल तत्वों को खोज रही थी
और -
सृष्टि के वे सब तत्त्व मिलकर
मुझे तलाश रहे थे शायद
कि किसी
जानी - पहचानी गंध की
गांझल से हम लिपटे...
मुझे कहीं तुम्हारे होने
और -
तुम्हें कहीं मेरे होने का अहसास था

लेकिन!
तब भी हम नहीं जानते थे कि
हम तलाश रहे हैं एक- दूसरे को,
- क्या सचमुच
तलाश रहे थे हम एक- दूसरे को!!
याकि;
इससे इतर
कुछ और ही था सच??

तब-
अनायास ही हमारा मिलना
और हमारी विस्मय से फैली
आंखों के हर्ष का ठिकाना न था,
जानते हो...
तुम वहां तुम नहीं थे
वैसे ही जैसे
मैं वहां मैं नहीं थी
या फिर,
बात को ऐसे भी कह सकती हूं कि-
तुम
तुम ही थे केवल
जैसे मैं।
मैं ही थी बस

तुम शरीर नहीं थे
तुम-
अपने शरीरों, नाड़ियों,

हड्डियों के इस उलझे कंकाल की
समूची दुनिया से परे
ब्रह्म नाद की थाप थे,
- जो मेरे चारों ओर गूंज रहा था उस पल;
रोशनी थे
जो आज तक प्रज्ज्वलित
देखती आई हूं मैं सर्वत्र,
वह सूरत थे
जो प्रकृति ने दी मुझे पल भर को
मेरे शब्दों के विस्तार के लिए

हां!
हम उस क्षण
प्रकृति की तितर- बितर बिखरी माया का ही
वह छुट-पुट हिस्सा थे
जिस पर प्रकृति
सहज ही मुस्का उठती है

फिर जबकि
स्वयं को छुट-पुट कहना भी
शब्दों को
शब्दों की संस्कृति
और...
प्रकृति के स्तर से गिराना ही होगा
चूंकि -
कुछ चीजें ऐसी खूबसूरत होती है
कि उन्हें शब्द देने का सामर्थ्य

ना हम रखते हैं
और,
ना उन अद्भुत सरल- विरल स्पर्श को
शब्दों की जरूरत होती है
या फिर ये चीजें!
फैलती -फैलती अहसास हो जाती है,
अहसास...
समाधि का रूप लेते हैं
शब्द!
धुंआ हो जाते हैं सघन मौन में
और तब!!
यही समाधिस्थ मौन शब्द
अपार शून्य हो जाता है।
21/04/2013

22. ..... ऐसी ही होती है प्यार की भाषा

शून्य!
अचानक अंडे के छिलके की तरह चटका
और खुल गया
कि-
केंद्र के उस ओर लटका
उसका सुनहरी रेख-पट्टी से सीमाबद्ध
एक बड़ा हिस्सा
अभी झूल रहा है वहां
और,
इस ओर एक सिरा तितर- बितर
जाने कहां - कहां बिखर गया

उसने दौड़ कर
उस अस्तित्वहीन होते शून्य को
अपनी हथेली से थामा
और तत्क्षण
एक काले स्केच से
उसकी निरंतरता को
भरना शुरू कर दिया
ऐसे कि!
यदि शून्य की एक बड़ी दीवार
अधिक मजबूत

और सुरक्षित रखी गई है
तो-
उसकी दूसरी दीवार को
इतना कमजोर जरूर रखा जाए
कि वह धीमे - धीमे रिसती रहे
कि शून्य
सांस लेता रह सके निरंतर
और -
जैसे ही शून्य ने सांस लिया
बगल में आ खड़ा एक आत्म -मुग्ध पुरुष
उसके कान में बड़बड़ाया -
" हुम्म !
शून्य को भरने का काम
तुम्हारे अतिरिक्त
भला और कौन कर सकता है
.... ये तुम ही तो हो
जो संभाल लेती हो इसका वजूद हर बार"
फिर,,,
सिरा चाहे
धुरी के उस ओर का हो
या इस ओर का
इन्हें अपनी मर्यादाओं को
जानना ही होगा अब
पहचानने ही होंगे अपने स्वरूप

पुरुष ने अधिकार से घूरा उसे
अभिमान से पकड़ा उसका हाथ,

उसने
खुद्दारी से किया प्रतिकार
जबकि!
अपनी घूरती आंखों के पीछे
वह अपनी शरारत भरी हंसी छिपाए था
और वो -
अपनी 'ना' के पीछे अपनी 'हां'

पुरुष ने अपने स्पर्श में
अपना प्यार छिपाया
और उसने
सिहरती आवाज में अपनी महोब्बत,
वह बिना मांगे लेता रहा
वह बिना दिए लुटाती रही
... ऐसी ही होती है प्यार की भाषा।
09/03/2016

23. बात को इस ओर देखो ज़रा

अरे... अरे... !
अब इतना भी ना तड़प जाओ सुनकर
कि-
' आजकल तो मैं लिख ही नहीं रही हूं..
प्रिय!
बात को इस ओर देखो ज़रा
जब मैं -
लिख नहीं रही होती हूं
तो जी रही होती हूं... जरूर ही
या फिर कहीं...
निश्चिंत सुस्ता रही होती हूं

सोचो-
कभी यूं सुस्ता लेना
याकि,
पंख फैला उड़ना
सुदूर तक उड़ते ही जाना बेरोक
आखिर!
यह भी तो कितना जरूरी है ना
फिर!!
कविता की कोई
दिनचर्या थोड़े ही ना होती है दोस्त!

हां...
दिनचर्या में कहीं न कहीं कविता होती है
- यह अलग बात है।
25/07/2014

24. प्राण - प्राण चलती एक अंतहीन कविता है, प्यार!

हर सभ्यता
हर संस्कृति से बढ़कर होती है
प्यार की भाषा
प्यार की अभिव्यक्ति
और -
प्यार का बोध;
अभिमान से बढ़कर हार
दवा से बढ़कर दुआ
हर मिठास से मीठा
हर छुअन से गहरा
हर सच्चाई से सच्चा
हर आकांक्षा से कीमती
- एक दिवानगी
एक साहस
एक सलीका है प्यार

एक कतरा ओंस,
एक झोंका मुलायम हवा,
कोई यादगार आंसू,
किसी गाल पर

एकाएक टिमक गया कोई तारा,
किसी हंसी पर उतर आई रोशनी
किसी आवाज़ से बिखर गई खुशबू
और -
वर्षों से मौन किसी आंख का
एक ज्वलंत इशारा भर है प्यार

पीछा करती एक चुम्बकीय आहट
पीछे दौड़ती कुछ आसक्त परछाइयां,
शेष मात्र इंतजार में भी
एक विकल्प खोजती सघन आहट
एक स्मृति कि!
मौसमों में गूंजता संगीत
और -
प्राण- प्राण चलती
एक अंतहीन कविता है प्यार
प्यार!!
एक गवाही है समूचे अस्तित्व की
एक दिशा है
स्वप्न से नेतृत्व की
एक उड़ान है विश्वास से मुक्ति की
कि-
अणु - अणु झिलमिल
एक मोह
एक माया
और....
एक द्वार दर्शन है प्यार। ---------15/09/2017

25. एक आत्म- समर्पण जैसे एक दीया रोशनी और प्रसाद

एक कविता का लिखा जाना
जैसे -
एक संसार का पूरा हो जाना
और फिर!
एक संसार छूट जाना

एक कविता का लिखा जाना
एक खुशनुमा स्वप्न
होंठों पर खिल जाना
या...
एक - एक अनसुलझे सपने की
याद आती
अधूरी कड़ियां खुल जाना

एक कविता का लिखा जाना
किसी जागरण के बाद
एक सघन विश्राम
या,
विश्राम में कौंधता पुनः: एक सवाल

एक कविता का लिखा जाना
रचनाकार का अव्यक्त अथाह सुकून
या उसकी
निश्चिंतता को तोड़ती तंद्रा
कि-
सृजन के उपरांत अंतहीन अशेष
या फिर!
अशेष पर उमग गया
एक शेष
एक शिकन
एक शिकायत
एक शुरुआत

एक कविता का लिखा जाना
एक ब्रह्म की प्रसन्नता
या सृष्टि की वफादारी
कि!
एक आत्म- समर्पण
जैसे...
एक दीया रोशनी और प्रसाद।
20/09/2017

26. वह नींद बहुत जरूरी है जो सपने देती है

लोग कहते हैं कि-
मैं प्रेम कविताएं लिखती हूं
लेकिन!
यह प्रेम
प्रेम है या रहस्य ? ??
प्रेम!!
एक तारा टिमकता है
और तत्क्षण-
एक सुंदर सपना शुरू हो जाता है
एक सुहाने सफर के लिए

जबकि!
ये थके हुए जिस्म नहीं
ये थके हुए मन है
कि ज़िन्दगी...
एक लंबी दौड़ है बस
और -
विश्राम के लिए कोई विकल्प नहीं

अब
उन्हें लगता है कि -
वो सपने देखने का हक नहीं रखते,

क्योंकि!
सपने देखने के लिए
वह नींद बहुत जरूरी है
जो सपने देती है।
17/08/2017

27. अभिमन्यु... तुम्हारा फिर से जन्म लेना जरूरी था

बस... अब बस...
- तुम्हारा अनुभव
तुम्हारे आदेश
तुम्हारी शर्तें
और -
तुम्हारे नियम
मेरे खिलाफ चक्रव्यूह नहीं रचेंगे
कि!
चक्रव्यूह में घुसना
चक्रव्यूह को तोड़ना
और -
चक्रव्यूह से निकलना भी
आता है मुझे अब

अभिमन्यू... ... !
तुम्हारा फिर से
जन्म लेना जरूरी था
फिर एक नई तकनीक के साथ
फिर एक नए रण- क्षेत्र में
फिर एक नई लड़ाई लड़ने के लिए

क्योंकि -
जीतना भी तुम्हें ही है हर बार।
17/08/2017

28. ये ख्वाहिशें हैं और हांफ रहा है आदमी

ये कैसा इंसान बनाया भगवान तुने!
- दिल दिया
जज़्बात दिए
मुस्काने दी
आंसू दिए
और -
भूख दी?
कि!
झूठे - सच्चे सपनों की गुलामी भी दी??

फिर....
ये ख्वाहिशें हैं
और,
हांफ रहा है आदमी।
17/08/2017

29. सपनों की हकीकत जानने

मैं नहीं जानती
नींद में देखे गए सपने कैसे होते हैं,
क्योंकि!
मेरे पास नींद नहीं है,
और -
मुझे लगा कि मेरे सारे स्वप्न
खुली आंखों से देखे गए हैं
जबकि!
मैं जानती ही नहीं थी कि -
मेरा होना
नींद और जागरण
तय नहीं कर सकते
हालांकि!
मैं यह भी जानती हूं कि -
स्वप्न और नींद की तरह
जागरण भी
मेरे जीने के लिए उतने ही महत्वपूर्ण है

तो भी
एक भ्रम का मिटना
और -
एक सच को जानना जरूरी था

कि-
नींद और जागरण के बीचों -बीच
एक सुनसान रास्ता है
जिस पर चुपचाप
नितांत अकेले चले जा रही हूं मैं,
शायद...
सपनों की हकीकत जानने।
03/01/2018

30. अन्दर आने को नहीं कहोगे क्या ??

तुमने सांस ली तो मैंने सुना
तुमने सांस छोड़ी तो मैंने सुना
- तुम्हारी धड़कन पर मेरा कान टिका रहा
फिर!
कैसे ना पता चलता मुझे
कि तुम -
कैसे -कैसे स्वप्न देखते हो,
कैसे न देख पाती
तुम्हारी परिकल्पनाओं में
बनता - मिटता हर दृश्य,
कैसे ना जानती
तुम्हारी आकांक्षाएं - जिज्ञासाएं,
कैसे ना समझती तुम्हारी खुशी
तुम्हारी वेदना

मैंने कुछ कहा नहीं
कुछ पूछा नहीं तुमसे
तो तुमने सोच लिया कि मैं!
हूं ही नहीं?
जबकि मैंने तो सोचा था कि-
तुम्हारी हर सांस
हर उम्मीद

हर आंसू
हर गीत
हर लक्ष्य
हर सृजन में मैं ही हूं! ??

मैं!
शांत थी अब तक
क्योंकि -
तुम्हारे शब्दों के स्वर्णिम पंख
सर्वत्र उड़ाए लिए चलते हैं मुझे;
फिर...
अब
यूं इस प्रकार तुम्हीं तो
मेरे पंखों को
ऐसे कतरने की कोशिश ना करो
ज़िन्दगी राग है
खुशबू है
रोशनी है तुम्हारी वजह से
देखो कहीं इसकी सरगम यूं ही -
अकारण घुट-घुटकर
नेस्तनाबूद ना हो जाए

तुम कहां खोए हो
किस ओर व्यस्त हो
कि तुम्हें पता ही नहीं!
महोब्बत कब से तुम्हारे दरवाजे पर
परियों का दिया

वही खूबसूरत गुलाबी परिधान पहने
शांत खड़ी है
देखोगे नहीं उठकर...?
अब तो -
थकान से पांव भी दुखने लगे हैं,
अन्दर आने को नहीं कहोगे क्या??
प्यार!!
अब भी
तुम्हारी दहलीज पर
बस तुम्हें ही सोच रहा है
और -
तुम जाने क्या सोच रहे हो?
15/08/2015

31. बुनने पड़ते हैं स्वप्न रेशा-रेशा

वक्त!
एक खुशनुमा स्वप्न होने से पहले
एक उदास कविता
पिंजरे में कैद एक पंछी
अधखिला बिमार फूल
और -
एक अभिशप्त अतीत की
किरचों से उठता
ज़हरीला धुंआ हो जाने को तैयार रहा

हालांकि,
मैं जानती हूं
जीने के लिए
स्वप्न देखने बहुत जरूरी हैं
और -
मुझे ये स्वप्न स्वत: नहीं मिलते
मुझे!
बुनने पड़ते हैं स्वप्न रेशा-रेशा
फिर भी....
कभी -कभी बहुत डर लगता है मुझे
सपनों को कण -कण
चुनने -बुनने

और देखने-सहेजने में

किन्तु!
बावज़ूद इसके
मैं अपने सपनों को
सच करने की जुगत में लगी रहती हूं
क्योंकि मैं जानती हूं कि -
सपनों के टूट जाने का डर
और पीड़ा क्या होती है,
इसलिए कभी-कभी
सपना यदि सच ना भी हो
तो भी!
मैं उसे सच मान लेती हूं
कि जैसे -
मैं!!
थोड़ा और... थोड़ा और.. थोड़ा और
हर दिन जी लेती हूं

फिर जबकि,,,
जिन्हें बने बनाए सपने मिलते हैं
- सपनों को कण-कण
चुनने - बुनने
और देखने- सहेजने के
सुख-दुख से चूके
वो क्या जाने
कि सपने!
कितने कोमल होते हैं

और....
हर सपना
वक्त की कोख से
हथेलियों तक आते -आते
शिशु की तरह कैसे पलता है।

3/01/2018

32. जैसे आकाश पर की गई खूबसूरत पेंटिंग

वो देखो....
क्षितिज के उस छोर पर
जैसे!
आकाश पर की गई खूबसूरत पेंटिंग
जो अब-
धुल रही है;
फिर से...
एक नई कल्पना
नया विचार
नया सत्य
नया बोध
नया कर्म
नई परिणीति
और-
नए साक्ष्य हेतु
नए आज की
एक और नई तस्वीर बनाने के लिए।
09/08/2017

33. तुम्हारे -मेरे दरमियान भीगी शामों की नमी

प्रिय... !
ये ठीक है कि
मुझे तुम्हें
धन्यवाद कहने की जरूरत नहीं
किंतु!!
आज...
इस क्षण में
तुम्हारी -मेरी नज़रों के मध्य
अपनी हथेली पर उठाए
अतीत, वर्तमान, भविष्य की
चित्र रेखाओं पर मौजूद
मेरी ओर
तुम्हारे व्योम नापते नेत्रों की
उजास पूर्णिमाओं,
तुम्हारी मुलायम मुस्कानों से प्रसरित
सुष्मित आत्मियताओं
और -
संशय- निसंशय
जाने - अनजाने
झुकता दिल रूकती सांसें,
गले तक अटका
दिन - दिन दबा

पुराना एक चीखता सा
इश्किया,,, इकरार - इज़हार
और!
बढ़ते, ठिठकते, लड़खड़ाते
सभ्यता के ड्रामे से उदासीन
लाचार पद् चिह्नो तक से उठती
सुरभित संवेदनाओं के लिए
बस...
एक बार!
तुम्हें धन्यवाद कहना
बहुत जरूरी हो गया है

कि-
यह जो तुम्हारे- मेरे दरमियान
भीगी शामों की नमी
अनायास ही
- एक आत्म द्वंद्व
एक प्रश्न
एक शिकायत
एक विषाद
एक अफसोस
एक अनचाही सांत्वना
एक घनीभूत आश्चर्य
एक संकोच
बेमतलब भय
और -
एक रूखी खामोशी में तब्दील हो गई,

... ... गल जाने दो इन्हें

फिर अब !
बस एक बार
अपनी इन कौंधती निगाहों को
मेरी थरथराती बेचैन उंगलियों से उठती
कुहरिल ओंस से झरता
मेरा आभार स्वीकार कर लेने दो,
देखो तो सही...
प्यार की शक्ति है ये
प्यार का आकर्षण है
प्यार की खुशबू है
और!
जहां प्यार होता है,,,
वहां द्वंद्व नहीं होते।
13/12/2016

34. यह तुम नहीं हो.. पर! कौन??

कौन है ये
जो-
तुम्हारी आवाज़ में बोलता है
तुम्हारी आंखों से निहारता है
और!
तुम्हारी मुस्कान से निरंतर
खींचता है अपनी ओर

कौन है ये
जो मेरे शब्दों को हिलोरता है
मेरे वैराग्य को सिरोड़ता है
और -
मेरे अस्तित्व को झिंझोड़ता है

देखो ना...
तुम्हारी उंगलियां हैं
और उसकी छटपटाहट,
तुम्हारी टोह है
और उसकी आहट,
तुम्हारी खुशबू है
और उसकी पुकार,
तुम्हारी चाहत है

और उसका इश्क,
तुम्हारी सन्निकटता का घनीभूत सम्मोहन है
और -
उसकी मुझे ढकती हुई नर्म छाया

कि ये...
तुम नहीं हो
... पर! कौन??
28/02/2017

35. मेरे पास सिर्फ तुम हो

मैं अन्नंत हूं
हर क्षण भिन्न हूं
- भिन्न रूप
भिन्न शब्द
भिन्न सौंदर्य
भिन्न आकांक्षा
भिन्न लेन-देन
भिन्न खुशबू
भिन्न राग - ऋतुएं
भिन्न दिशा
और -
प्यार के भिन्न- भिन्न मुलायम स्पर्श;
वैसे ही जैसे -
तुम हो भिन्न हर बार
एक भिन्न सूरत
और,
नई उम्मीदों के साथ

तुम!
कभी जो थे
वो जब नहीं मिले
और तुम

जो जब थे
तब नहीं मिले
और तुम
जो तब मिले
वो आज नहीं रहे,
और -
तुम जो आज हो
वो कल रहोगे कि नहीं? ??
कि-
देखो ज़रा ये सवाल है या पहेली?
कि मैं!
जब कभी तुम्हारे संग खड़ी हुई
मेरे पैरों तले की ज़मीन थर्राने लगी,
मेरी आंखों ने तुमसे सवाल किए
और -
तुम्हारी आंखों ने धैर्य दिया
लेकिन!
मेरा हर सवाल
अपने सवाल होने का
हर कारण जानता है,
इसलिए -
तुम्हारे मुझे निश्चिंत किए जाने के बावजूद
मेरा सवाल!
एक सवाल ही बना रहा

आखिर!!
क्यों ना हो सवाल मेरी आंखों में

कि तुम्हारे साथ...
खड़े होते ही हर बार
मैं!
एक ही रह जाती हूं,
अपने अन्नंत होने की दुविधा से बाहर
कि तुम!
हर बार बदल जाते हो
जबकि मैं...
यहीं खड़ी रहती हूं तटस्थ
और तुम -
हर बार अपनी मर्ज़ी से
आते हो,,, चले जाते हो!!
और मैं;
तुम्हे रोक तक सकने का
साहस नहीं जुटा पाती
कि जैसे -
मौजूदा क्षण नियतिबद्ध हुआ जाता है

मैं!
इस अन्नंत यात्रा के
अन्नंत क्षणों की
अन्नंत प्रति - शक्ति हूं,
लेकिन...
इन अन्नंत क्षणों के प्रत्येक क्षण में
एक अकेली शक्ति हूं

तुम!

यात्रा के
उन अन्नंत क्षणों के
किन क्षणों में मिलते हो
और -
किन क्षणों में विदा हो जाते हो
और,,,
किन क्षणों में अपार आनंद होते हो
किन क्षणों में आंसू
और -
किन क्षणों में किस प्रकार
बैराग बन जाते हो
अब!
तुम ही कहो -
इन अन्नंत क्षणों में
किन - किन क्षणों का हिसाब रखूं मैं! ??
जो-
तुम्हें लगता हो
कि बस यही क्षण जरूरी है

तुम्हारे पास
धैर्य धारण करने के लिए
बहुत कुछ होगा,
तुम्हारे पास धैर्य देने के लिए
बहुत कुछ होगा
लेकिन!
मेरे पास
धैर्य पाने के लिए कुछ नहीं,

इस क्षण
कुछ शेष संजोने तक के लिए नहीं
अब-
तुम्हारे शब्दों का
तुम्हारी पुकार का
विश्वास भी नहीं

तुम्हारे पास
तुम्हारे आवा - गमन के बीच
बहुत सी घटनाएं होंगी
किंतु!
मेरे पास
दहलीज़ के बाहर - भीतर
तुम्हारे आवा - गमन की दिशा में
ताकते रहने के अतिरिक्त
अन्य कोई घटना नहीं
इसलिए ही तो -
पुरुष!
सहज ही
जब कभी कह देता है कि -
स्त्री को
एक प्रेम पाने के अलावा
कोई दूसरा काम नहीं
कोई सपना नहीं
कोई क्षण नहीं,,
और पुरुष को!
प्रेम के सिवाय

और भी बहुत काम है
कि जैसे -
स्त्री को सिर्फ प्यार चाहिए
जीवन गुजारने के लिए
और जबकि!
पुरुष को प्यार के अलावा
और भी बहुत कुछ चाहिए

देख रहे हो तुम!
वहां ...
एक कल्प वृक्ष है
और ,,
उस वृक्ष के नीचे
जाने कब से बैठी हूं 'मैं '
यूं ही चुपचाप
एक शून्य में खोई सी
फिर!
मेरा वहां ऐसे शून्यबद्ध होना ही
मेरा संपूर्ण होना है
कि जैसे -
यहीं से उपजा है समय
यहीं से मौन
और,
यहीं से समाधि

'मैं' !
जो अन्नंत हूं

निर्विकार हूं
अरूप,,,
यहीं होती हूं विलीन
और;
अपनी इच्छानुरूप
यहीं से होती हूं प्रारंभ
कि मैं -
तुम्हें देखती ही हूं केवल
और तुम!
मेरे साथ हो कर भी
मेरे साथ नहीं रह पाते,
जैसे...
उस देखने के बीच
तुम
एक घटना भर ही रह जाते हो केवल
तभी तो!!
तुम्हारे पास
ऐसी अद्भुत मुस्कानें हैं,
जिनकी रेखाएं लंबे अरसे तक
अमिट खिंची रह जाती हैं
लेकिन...
मेरे पास इनकी कोई वजह!! ?
है क्या?

ख़ैर,
तुम्हारे पास मैं हूं
तुम्हारे पास ये है

तुम्हारे पास वो है
तुम्हारे पास सबकुछ ही तो है
किंतु!
मेरे पास
सिर्फ तुम हो;
तुमने मुझे!!
सब में शामिल कर दिया है,
मैंने तुम्हें खुद में
अब-
तुम ही मेरा उल्लास हो
और,,,
तुम ही मेरी उदासी
और इस हर्ष - उदासी के बीच की
विचित्र छटपटाहट भी तुम ही हो।
25/09/2015

36. ईश्वर! मैंने तुम्हें ढूंढा बहुत

ईश्वर !
मैंने तुम्हें ढूंढा बहुत
और -
जब मिले तुम
तो नहीं रहे ईश्वर
कि यकायक
टिमकती सी नज़र से
रहे निहारते एकाएक
और,
खनकते सिक्कों की सी हंसी बिखेरते
खिलखिला पड़े
- लगा मुझे
कितने मासूम
नन्हे बालक से तुम
कि जैसे -
हर बात के साथ
पूछते हो मुझसे कि-
कुछ कहा जाए
कुछ किया जाए
कुछ सुना जाए
हो जो पसंद तुम्हें
और...

जो भी हो आदेश तुम्हारा
रहेगा सिर आंखों पर
कि हर बार!
तुम्हारी ऐसी मीठी बातों से
ठगी गई मैं,
तुम्हारी निश्चछल आंखों की आर्द्रता देख
अपनी हर शिकायत
हर दर्द भूल गई मैं

लेकिन!
जब
दर्द देते हो तुम किसी को,
पड़ा रहने देते हो
अपने ही किसी प्रिय को गर्त में
तब...
जाने कहां चली जाती है
तुम्हारी करूणा
तुम्हारी प्रेमिल दृष्टि
और,,,
तुम्हारे अनेकानेक अपराधों को ढकती
तुम्हारी मासूमियत? ??
सत्य को
ना देख - सुन पा सकने के बहाने भी
क्या खूब बनाते हो तुम
कि -
जब इतने बहाने
और,,,

इतनी साफगोई के प्रमाण
अपनी हथेली में लेकर
खड़े होते हो
तो-
अपने ईश्वर होने का
दम्भ ही भरते क्यों हो?

फिर,
यूं ही तो नीत्शे ने
कहा नहीं होगा कि -
"ईश्वर मर चुका है" ?
... आखिर!
कहीं तो निरूत्तर हुए होंगे
पड़े होंगे कमज़ोर तुम
रहे होंगे अपराधी? ??